Dolmat Alla Vladimirovna

As vinte e quatro horas ctónicas na literatura

Dolmat Alla Vladimirovna

As vinte e quatro horas ctónicas na literatura

ScienciaScripts

Imprint

Any brand names and product names mentioned in this book are subject to trademark, brand or patent protection and are trademarks or registered trademarks of their respective holders. The use of brand names, product names, common names, trade names, product descriptions etc. even without a particular marking in this work is in no way to be construed to mean that such names may be regarded as unrestricted in respect of trademark and brand protection legislation and could thus be used by anyone.

Cover image: www.ingimage.com

This book is a translation from the original published under ISBN 978-620-2-06660-0.

Publisher:
Sciencia Scripts
is a trademark of
Dodo Books Indian Ocean Ltd. and OmniScriptum S.R.L publishing group

120 High Road, East Finchley, London, N2 9ED, United Kingdom
Str. Armeneasca 28/1, office 1, Chisinau MD-2012, Republic of Moldova, Europe
Printed at: see last page
ISBN: 978-620-7-91358-9

Índice

Introdução

Verdadeiramente grande é o homem que domina o seu tempo. Hesíodo Há uma noite sombria na abóbada dos céus adormecidos; Na quietude silenciosa, o vale e os bosques estão silenciosos, Na névoa cinzenta, os bosques distantes estão silenciosos; O riacho, correndo à sombra do carvalho, é ligeiramente ouvido, A brisa, adormecida nas folhas, está ligeiramente respirando, E a lua silenciosa, como um cisne majestoso, Flutua nas nuvens prateadas.

Flutua e, com os seus fracos raios, ilumina os objectos à sua volta.

A.S. Pushkin

Literatura e tempo... Estes dois conceitos acomodam por vezes coisas fantásticas - o cronótopo literário e o mundo irreal. Por isso, falaremos de vinte e quatro horas ctónicas nos monumentos literários e na vida dos portadores de obras - poetas e escritores. As vinte e quatro horas ctónicas colocam os heróis das obras na esfera das forças e dos valores, dos quais só podem nascer as obras.

O objetivo do nosso trabalho de investigação foi o seguinte: investigar o significado das vinte e quatro horas ctónicas na literatura.

Os objectivos eram:

1.   Estudar a estrutura do dia

2.   Encontrar a etimologia das vinte e quatro horas ctónicas

3.   Analisar o cronótopo literário utilizando exemplos de imagens irreais na literatura

4.   Identificar a diferença entre personagens literárias em tempo real e em tempo irreal

5.   Mostrar a influência das vinte e quatro horas ctónicas no trabalho e na vida dos escritores

6. Sistematizar os resultados obtidos.

Ao investigar este conceito, foi colocada uma hipótese: como as vinte e quatro horas ctónicas influenciam a revelação de imagens literárias e a criação de escritores. Os objectos da investigação foram obras literárias com irrealidade e alguns factos da vida dos escritores.

Foram utilizados os seguintes métodos no estudo:

1. Estudo da literatura científica popular

2. Análise comparativa

3. Compilação dos esboços de eidos para revelar o conceito de vinte e quatro horas ctónicas

4. Inquérito por questionário sobre este problema.

Foram estudadas as obras de F. Dostoevsky "Noites Brancas" e "Crime e Castigo", A. S. Pushkin "Eugene Onegin", "O Profeta", L. N. Tolstoi "Guerra e Paz", M. N. Bulgakov "O Mestre e Margarita", N. V. Gogol "Viy" e "Noites numa Quinta perto de Dikanka", V. V. Shakespeare "Hamlet".Bulgakov "O Mestre e Margarita", N.V. Gogol "Viy" e "Noites numa Quinta perto de Dikanka", V. Shakespeare "Hamlet", V.A. Zhukovsky "Svetlana", S. Esenin "Homem Negro", J.V. Goethe "O Rei da Floresta". Esta escolha não é acidental. Por exemplo, as personagens de Dostoiévski de "Noites Brancas" levam uma vida ativa sob o manto da lua, e Raskolnikov vê a loucura deste mundo quando está inconsciente.

Uma ideia geral das vinte e quatro horas

Um dia (plural da antiga forma clash, junction que significa "a junção do dia e da noite") é uma unidade de medida de tempo, aproximadamente igual ao período de revolução da Terra em torno do seu eixo.

Um dia refere-se geralmente ao conceito astronómico de um dia solar. Na utilização comum, um dia é frequentemente designado por dia.

O dia divide-se em 24 horas (1440 minutos, ou 86400 segundos) e é composto por dia, tarde, noite e manhã.

Os dias de calendário constituem semanas e meses.

Um dia em astronomia

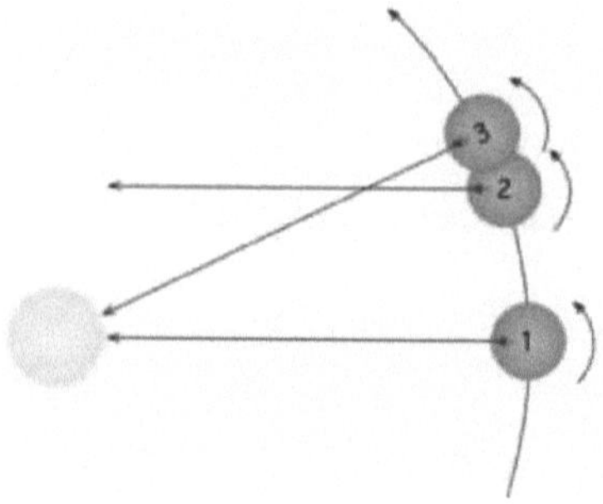

Comparação da duração dos dias estelares (2) e solares (3) na coincidência das direcções de rotação orbital e própria

Este é o intervalo de tempo entre as duas culminâncias superiores da luminária - o meio-dia verdadeiro. A duração do dia num planeta depende apenas da velocidade angular da sua própria rotação. Se for escolhida uma estrela distante como luminária, então, ao contrário da luminária central do sistema planetário, esse dia terá uma duração diferente. Por exemplo, na Terra, distinguimos entre um dia solar médio (24 horas) e um dia estelar (23 horas 56 minutos e 4 segundos). Não são iguais um ao outro porque, devido ao movimento orbital da Terra em torno do Sol, para um observador situado à superfície da Terra, o Sol desloca-se contra o fundo de estrelas distantes.

O dia solar médio está ligado a um "Sol médio" fictício - um ponto que se move uniformemente ao longo do equador, dando uma volta num ano. O Sol real move-se de forma irregular ao longo da eclítica devido à elipticidade da órbita da Terra, ora atrasando-se em longitude em relação ao Sol médio, ora adiantando-se a ele, pelo que o dia solar verdadeiro (o tempo entre os dois meios-dia verdadeiros) varia em duração durante o ano.

O valor de um dia não está incluído no SI, mas pode ser utilizado em cálculos. Neste caso, considera-se que 1 dia corresponde exatamente a 86,400 segundos. Em astronomia, um dia definido desta forma em segundos SI é designado por dia juliano.

O dia solar médio, no entanto, não contém um número inteiro de segundos (por exemplo, a sua duração na época 2000.0 era de 86400.002 s), e a duração do dia solar médio também é variável devido à variação secular da velocidade angular de rotação da Terra. Neste contexto, é necessário ajustar periodicamente o Tempo Universal Coordenado atómico UTC ao tempo solar médio UT1 (baseado na rotação da Terra). Neste caso, um segundo de coordenação pré-anunciado ("leap second") é adicionado ou subtraído ao dia em 30 de junho ou 31 de dezembro.

No SI, um segundo é definido como 9.192.631.770 períodos de radiação correspondentes a uma transição entre dois níveis superfinos do estado fundamental do átomo de césio-133. Com base nesta definição, uma definição rigorosa de um dia corresponderia a 794 243 384 928 000 transições deste tipo.

Noutras línguas

Como mencionado acima, o termo *"dia"* é muitas vezes substituído pela palavra "dia", mas, em qualquer caso, a língua russa tem palavras que separam inequivocamente os conceitos de "dia" (horas de luz do dia) e "dia" (24 horas). Uma palavra separada para "dia" também ocorre nas seguintes línguas: ▪ Hebraico *PtiW-* yemama;

- ▪ Sueco *dygn*;

- ▪ Neerlandês *etmaal*

- ▪ *Sutkg* bielorrusso (semelhante ao russo);

- ▪ *Doбà* ucraniano;

- ▪ Polaco *doba*;

- ▪ Lituano *para* ;

- ▪ Letão *diena*;

- Bashkir *teulek*.

Em inglês, um *dia é* normalmente designado pela palavra day, que tem o significado básico de "dia". Quando é necessário designar um dia, usa-se o termo "24 horas" ou "dia e noite". Existe também um termo especial nychthemeron (do grego noite e dia), mas este termo não será compreendido por toda a gente. Para a palavra "round-the-clock" em inglês, utiliza-se o termo "twenty four to seven" ou "24/7", que significa literalmente "24 horas, sete dias por semana".

Isto é semelhante na maioria das outras línguas que não têm uma palavra separada para dia.

O conceito de cronótopo

Para controlar o tempo, é utilizado um cronómetro: por exemplo, um <u>despertador</u>. **O tempo** é um dos conceitos básicos da <u>filosofia</u> e da <u>física, uma medida</u> comparativa convencional <u>do movimento da matéria,</u> bem como uma das coordenadas do <u>espaço-tempo,</u> ao longo da qual se estendem as <u>linhas do mundo dos corpos físicos.</u>

[III]Em <u>filosofia,</u> é um fluxo <u>irreversível</u> (que flui apenas numa direção - do <u>passado,</u> através do <u>presente</u> para o <u>futuro</u>), no interior do qual têm lugar todos os <u>processos</u> existentes no <u>ser, que</u> são <u>factos</u>.

No sentido quantitativo (metrológico), o conceito de **tempo** tem três aspectos:

- coordenadas do acontecimento no <u>eixo do tempo</u>. Na prática, é a hora atual: hora do calendário, definida pelas regras <u>do calendário, e</u> <u>hora do dia,</u> definida por um sistema de numeração do tempo (escala) (exemplos: <u>hora local, Tempo Universal Coordenado</u>);

- tempo relativo, o intervalo de tempo entre dois acontecimentos;

- parâmetro subjetivo quando se comparam vários processos <u>de frequência diferentes.</u>

Propriedades do tempo

Em primeiro lugar, o tempo caracteriza-se pela sua direccionalidade (ver "<u>Seta do tempo</u>"). Além disso, o tempo é definido num <u>quadro de referência,</u> que pode ser *não uniforme* (o processo de rotação da Terra em torno do Sol ou o pulso humano) ou *uniforme*. O referencial uniforme é escolhido "por definição", anteriormente, por exemplo, estava associado ao movimento dos corpos do sistema solar (<u>tempo das efemérides</u>), e hoje em dia é considerado localmente como <u>tempo atómico, e</u> o <u>padrão de um segundo</u> é 9.192.631.770 períodos de radiação correspondentes à transição entre dois <u>níveis superfinos do</u> estado fundamental do átomo de <u>césio-133</u> na ausência de perturbação por <u>campos</u> externos. [121]É de notar que esta definição não é arbitrária, mas está relacionada com os processos periódicos mais exactos de que a humanidade dispõe nesta fase de desenvolvimento da física experimental.

A maioria dos cientistas modernos acredita que a distinção entre o passado e o futuro é **fundamental**. De acordo com o atual nível de desenvolvimento científico, a informação é transferida do passado para o futuro, mas não vice-versa. O segundo princípio da termodinâmica também aponta para a acumulação de entropia no futuro.

No entanto, alguns cientistas pensam de forma um pouco diferente. Stephen Hawking, no seu livro "Uma breve história do tempo: do Big Bang aos buracos negros", contesta a afirmação de que, para as leis físicas, existe uma distinção entre a direção "para a frente" e "para trás" no tempo. Hawking justifica esta afirmação argumentando que a transferência de informação só é possível na mesma direção no tempo em que a entropia total do universo aumenta. [121]Assim, a Segunda Lei da Termodinâmica é trivial porque a entropia cresce com o tempo, porque medimos o tempo na direção em que a entropia cresce.

A singularidade do passado é considerada altamente plausível. [141]As opiniões dos cientistas sobre a presença ou ausência de várias versões "alternativas" do futuro variam.

Dependência do tempo

Uma vez que os estados do nosso mundo dependem do tempo, o estado de qualquer sistema pode também depender do tempo, como normalmente acontece. No entanto, em alguns casos excepcionais, a dependência temporal de uma quantidade pode ser negligenciável, de modo que esta caraterística pode ser considerada independente do tempo com grande precisão. Se tais quantidades descreverem a dinâmica de um sistema, são designadas por **quantidades conservadas** ou **integrais de movimento**. Por exemplo, na mecânica clássica, a energia total, o momento total e o momento total de um sistema isolado são integrais de movimento.

Vários fenómenos físicos podem ser classificados em três grupos:

- **estacionário** - fenómenos cujas características principais não se alteram com o tempo. O retrato de fase de um fenómeno estacionário é descrito por um ponto fixo;

- **não-estacionário** - fenómenos para os quais a dependência do tempo é essencialmente importante. O retrato de fase de um fenómeno não estacionário é descrito por um ponto que se move ao longo de uma trajetória. Estas, por sua vez, dividem-se em:

- **periódico** - se existir uma periodicidade clara no fenómeno (retrato de fase - curva fechada);

* **quase-periódicos** - se não são estritamente periódicos, mas numa pequena escala parecem periódicos (retrato de fase - curva quase fechada);

* **caótico** - fenómenos aperiódicos (retrato de fase - uma curva não fechada que cobre uma área mais ou menos uniforme, um <u>atrator</u>);

* quase-estacionário - fenómenos que, em sentido estrito, são não-estacionários, mas a escala caraterística da sua evolução é muito maior do que os tempos que interessam ao problema.

Não existe atualmente uma única <u>teoria</u> universalmente reconhecida que explique e descreva um conceito como o Tempo. Existem muitas teorias (que também podem fazer parte de teorias mais gerais e de ensinamentos <u>filosóficos</u>) que tentam justificar e descrever este fenómeno.

Na <u>física clássica,</u> o tempo é uma quantidade contínua, <u>uma</u> caraterística <u>a priori</u> do mundo, que não é definida por nada. Como base de medição, é utilizada uma determinada sequência de acontecimentos, geralmente periódica, que é reconhecida como padrão de um determinado intervalo de tempo. Esta é a base do princípio de funcionamento do <u>relógio</u>.

Na <u>física clássica,</u> o tempo existe por si só, separado do <u>espaço</u> e de quaisquer objectos materiais no mundo. O tempo, como um fluxo de duração, determina igualmente o curso de todos os processos no mundo. Todos os processos no mundo, independentemente da sua complexidade, não têm qualquer influência no curso do tempo. Por isso, o tempo na <u>física clássica é</u> chamado de absoluto. <u>I. Newton</u>: "O tempo absoluto, verdadeiro tempo matemático, por si mesmo e pela sua própria essência, sem qualquer relação com qualquer coisa externa, corre uniformemente, e é também chamado de duração .... Todos os movimentos podem ser acelerados ou desacelerados, mas o curso do tempo absoluto não pode mudar." A absolutez do tempo é matematicamente expressa na invariância das equações da <u>mecânica newtoniana em</u> relação às <u>transformações de Galileu</u>. Todos os momentos do tempo no passado, presente e futuro são iguais uns aos outros, o tempo é homogéneo. O fluxo do tempo em todo o lado e em qualquer parte do mundo é o mesmo e não pode mudar. A cada <u>número real pode corresponder um momento</u> de tempo e, vice versa, a cada momento de tempo pode corresponder um <u>número real</u>. Assim, o tempo forma um <u>continuum</u>. À semelhança da aritmetização (correspondência de cada ponto a um número) dos pontos no <u>espaço euclidiano,</u> <u>podemos</u> aritmetizar todos os pontos do tempo a partir do presente, indefinidamente para trás, para o passado, e indefinidamente para a frente, para o futuro. Só é necessário um <u>número</u>

para medir o tempo, ou seja, o tempo é unidimensional. Os intervalos de tempo podem ser correspondidos a <u>vectores</u> paralelos, que podem ser adicionados e subtraídos como segmentos de reta. A consequência mais importante da homogeneidade do tempo é a <u>lei da conservação da energia</u>. As equações da <u>mecânica de Newton</u> e da <u>eletrodinâmica de Maxwell não mudam</u> de forma quando o sinal do tempo é invertido. São simétricas em relação à inversão do tempo (<u>simetria T</u>). O tempo na <u>mecânica clássica</u> e na <u>eletrodinâmica é</u> reversível.

A origem das vinte e quatro horas ctónicas

DEMÓNIOS Khthónicos - (do grego khthonios - subterrâneo), várias criaturas que aparecem nos mitos, como as harpias e erínias da Grécia Antiga, os rakshasas indianos, os djinns árabes, os elfos e valquírias germânicos, e semelhantes. São símbolos de forças tanáticas associadas à morte sob diversas formas.

Seres ctónicos - (do grego khthonios - subterrâneo), personagens e animais mitológicos associados ao mundo subterrâneo e ao poder produtivo da terra (água). Na tradição eslava, as criaturas ctónicas eram sobretudo trepadeiras, que incluíam animais associados à morte e ao mundo subterrâneo, como o corvo, o lobo e outros. De acordo com os mitos eslavos reconstruídos, o adversário do trovão, semelhante a uma serpente, pertencia às criaturas ctónicas. Na tradição eslava, muitos animais domésticos - cabras, cavalos, etc. - eram dotados de dupla natureza; a sua morte ritualizada (sacrifício) deveria contribuir para a fertilidade da terra, etc.

CHTHONIC - (do grego khthonios - subterrâneo), pertencente aos deuses e espíritos do submundo. (Grande Dicionário de Termos Esotéricos)

As divindades ctónicas (do grego $\chi\theta\omega\nu$, "terra, solo") - em muitas religiões e mitologias - divindades que originalmente personificavam as forças do submundo, ou seja, o mundo sob o universo terrestre (mundo humano) e sob o universo celeste (ar, nuvens) - o "submundo". Os representantes do mundo animal são várias "trepadeiras" (répteis), peixes, insectos "nocivos" e, em alguns casos, aves (corvos, pegas, pardais, etc.).

Mais tarde, as divindades ctónicas tornaram-se parte integrante das religiões panteístas, ocupando por vezes uma posição predominante nas mesmas (antes de serem suplantadas pelos cultos das divindades celestes e solares).

Os seres ctónicos incluíam também os antepassados falecidos que viviam na vida após a morte (submundo). O carácter ctónico é também representado pelos rivais do demiurgo - os senhores do submundo.

As vinte e quatro horas ctónicas são um tempo de irrealidade que expande as 24 horas.

É uma co-dimensão diferente, um espaço que abre o que não pode ser visto ou compreendido na vida real.

As vinte e quatro horas ctónicas são o resultado de uma energia e de um potencial não despendidos, que não permitem que uma pessoa se acalme, que levam o seu sistema nervoso a um estado de excitação e que a fazem criar.

O conceito de cronótopo nos textos literários

O homem é **incrivelmente** humano - fica triste quando perde a riqueza e indiferente ao facto de os dias da sua vida terem desaparecido irrevogavelmente.

Abu'l-Faraj

Os minutos são longos e os anos são fugazes.

A. Amiel **O tempo** é o capital do trabalhador mental.

O. Balzac

Nos assuntos importantes da vida, devemos sempre apressar-nos como se a perda de um único minuto pudesse fazer perecer tudo.

B. G. Belinsky

O tempo é um ótimo professor, mas infelizmente mata os seus alunos.

Γ. Berlioz **O tempo é um** grande professor.

Э. Burke **Escolher** o tempo é poupar tempo, e o que é feito inoportunamente é feito em vão.

Ф. Bacon **O tempo** é o maior dos inovadores.

Ф. Bacon **Uma** das perdas mais irrecuperáveis é a perda de tempo.

Ж. Buffon

Aquele que não sabe o valor do tempo não nasceu para a glória.

Л. Vovenargue **Podeis** esperar tudo do tempo e das pessoas.

Л. Tecido

Basta um minuto para ser surpreendido, são precisos muitos anos para fazer uma coisa espantosa.

К. Helvécio

Os dois maiores tiranos do mundo: o acaso e o tempo.

И. Herder

Verdadeiramente grande é o homem que consegue dominar o seu tempo.

Hesíodo

O Order ensina-o a poupar tempo.

И. Goethe Se o utilizares bem, terás **sempre** tempo suficiente.

И. Goethe

A perda de tempo é mais dura para quem mais sabe.   *И. Goethe*

Os tempos mudam e nós mudamos com eles.   *Horácio*

O que o tempo que tudo destrói não enfraquece.   *Horácio*

Tudo o que está escondido agora será revelado a seu tempo.   *Horácio*

Uma pessoa que opta por desperdiçar nem que seja uma hora do seu tempo ainda não cresceu para compreender o valor total da vida.

Darwin

Por muito rápido que o tempo voe, ele move-se extremamente devagar para quem apenas observa o seu movimento.

C. Johnson

O significado das vinte e quatro horas ctónicas nas obras literárias e na vida dos escritores

Um símbolo, que respira milénios, a sinistra chthonics, a luxúria da morte, o fedor do seu poder.... Só um cosmonauta, que na sua vida quotidiana é constantemente confrontado com a ctónica, que observa a penetração a cada segundo do caos no nosso mundo, será capaz de absorver os monstros sem um estremecimento, enviando-os para o abismo irremediável do seu cruel ventre desconstrutor. Os criadores literários também podem ser chamados de uma espécie de cosmonautas.

Tatiana, a heroína de Pushkin, tal como Svetlana de Zhukovsky, conhece o futuro através da adivinhação, entrando em contacto com o outro mundo.

Eis como Pushkin caracteriza Tatyana Larina no seu romance "Eugene Onegin" no momento do seu sonho profético

XXIII

Qual foi a consequência do encontro?

Infelizmente, não é difícil de adivinhar!

A louca miséria do amor

Não deixaram de se preocupar

Uma alma jovem, uma tristeza ávida;

Não, mais do que uma paixão triste, triste

A pobre Tatiana está a arder;

O seu sono na cama está a correr;

Saúde, cor e doçura da vida,

Um sorriso, uma paz imaculada,

Desapareceu o som do nada,

E a juventude da doce Tanya desvanece-se:

É assim que a sombra da tempestade se veste

Um dia que mal nasceu.

A citação "Mal nasce um dia" sugere que a nossa heroína está a entrar num estado de vinte e quatro horas ctónicas.

A imagem do jovem poeta Vladimir Lensky está impregnada de imagens ctónicas. Fica-se com a impressão de que este herói reside constantemente noutros mundos. Os capítulos seguintes do texto servem de confirmação

VI

Para a minha aldeia ao mesmo tempo

Chegou um novo senhorio

E um controlo igualmente rigoroso

No bairro, a ocasião foi servida:

Com o nome de Vladimir Lenski,

Com uma alma vinda diretamente de Göttingen, Bonito, em plena floração, Admirador e poeta de Kant.

X

Ele cantou o amor, o amor obediente,

E a sua canção era clara,

Como os pensamentos de uma donzela simples, Como o sonho de uma criança, Como a lua Nos desertos de um céu sereno, Deusa dos mistérios e dos suspiros ternos. Ele cantava a separação e a tristeza, E algo, e a distância nebulosa, E rosas românticas;

Cantou essas terras longínquas, Onde no seio do silêncio as suas lágrimas vivas se derramaram; Cantou a cor desbotada da vida Com não pouco mais de dezoito anos.

Se examinarmos o texto do romance, podemos dizer com certeza que, nesta obra, A. C. Pushkin conduz dois mundos em paralelo: o ctónico e o real. Leiamos:

XIII

Meus amigos, para que é que serve?

Talvez seja a vontade do céu,

Deixarei de ser poeta,

XIX

Minhas deusas! O que são vocês? Onde estão?

Ouve a minha voz triste:

Serei possuído por um novo demónio,

E desafiando as ameaças de Tebas,

Humilhar-me-ei para humilhar a prosa;

Um romance à moda antiga, então.

Ocupará o meu alegre pôr do sol.

Não a agonia da vilania secreta

Vou retratá-lo de forma ameaçadora,

Mas vou apenas dizer-vos

As lendas da família russa,

Os sonhos cativantes do amor

Os costumes dos nossos velhos tempos.

Continuas a ser o mesmo? Donzelas diferentes,

Ao substituí-lo, não o substituíram?

Voltarei a ouvir os vossos coros?

Contemplarei o Terpsícoro Russo

Um voo cheio de alma?

Ou o olhar aborrecido não encontra

Caras conhecidas num palco aborrecido,

E, olhando para a luz alienígena.

Decepcionada com a lorgnette,

O espetador é indiferente à diversão,

Vou bocejar em silêncio

E recordar o passado?

A.S. Pushkin escreve sobre a existência de vinte e quatro horas ctónicas e de previsões e encontros irreais no poema "O Profeta"

E o serafim de seis asas apareceu-me no cruzamento;

V.A. Zhukovsky é, poder-se-ia dizer, um poeta inteiramente ctónico. Praticamente todas as suas obras estão relacionadas com criaturas ctónicas, e a ação decorre, na sua maioria, durante as vinte e quatro horas ctónicas. Literalmente, desde as primeiras linhas, ele coloca a sua Svetlana num mundo irreal, que mais tarde influencia a vida da heroína na realidade.

Uma vez uma noite de batismo

As raparigas estavam a adivinhar:

Do lado de fora do portão está o chinelo,

Tirado do pé e atirado;

A neve estava a escavar; debaixo da janela

Ouvido; alimentado

Senta-se em frente ao espelho;

Com uma timidez secreta, ela

Olhar para o espelho;

Está escuro no espelho; à volta

Silêncio total;

Uma vela com uma chama tremeluzente

Contagem de frango com cereais;

A cera feroz estava a ser afogada;

Numa taça com água pura

Puseram-lhe um anel de ouro,

Os brincos são de esmeralda;

Estenderam um pano branco

E sobre a taça cantaram em harmonia

As canções são sublimadas.

A lua brilha vagamente

Na escuridão do nevoeiro

Silencioso e triste

Doce Svetlana.

Aqui está uma bonita;

Um pequeno brilho derrama-se....

A timidez nela agitava o seu peito,

Ela tem medo de olhar para trás,

O medo enevoa os olhos...

Com um estalido, uma luz cintilou,

Um grilo gritava lamentavelmente,

Midnight Herald.

apoiado no cotovelo,

Um pouco de Svetlana respira...

Aqui. fecho fácil

Alguém bateu à porta, ele ouviu;

Olhar timidamente para o espelho:

Por cima dos ombros.

Alguém parecia estar a brilhar

Com olhos brilhantes...

As vinte e quatro horas ctónicas são ligadas por Zhukovsky e Goethe na obra "O Rei da Floresta", onde uma criança numa viagem nocturna pela floresta encontra criaturas ctónicas que mais tarde lhe roubam a alma. Zhukovsky traduziu a balada "O Rei da Floresta" de Goethe à sua maneira. Afastou-se do original, mas a sua tradução, em termos de perfeição da forma, foi imediatamente reconhecida como exemplar. A tradução de Zhukovsky preserva a atmosfera de ansiedade, a premonição da desgraça e da tragédia. A balada está impregnada de fantasia, que está contida nos diálogos entre o cavaleiro e o seu filho, o filho e o fantasma que o chama. O cavaleiro-pai tenta dar uma explicação razoável para os medos do filho, mas as visões misteriosas e a voz do rei da floresta são mais fortes e o terror apodera-se do bebé.

Na tradução da balada O rei da floresta, ouvimos a voz sentida do narrador, que tem pena da criança doente, que confunde uma ilusão febril com a realidade. Zhukovsky não se limita a transmitir a conversa entre pai e filho; ele próprio sente o medo da criança e a impotência do pai para a ajudar.

Tanto Zhukovsky como Goethe descreveram o poder fantástico de fenómenos inexplicáveis e misteriosos que ameaçam o homem. Mas ambos os poetas admitiram a possibilidade de a tragédia não ter acontecido na realidade, mas apenas em sonhos, premonições, pelo que o medo não é omnipotente sobre o homem.

"Nativo, o rei da floresta convocou as suas filhas:

Vejo-os a acenarem-me dos ramos escuros". -

"Oh não, tudo está calmo nas profundezas da noite:

Os ramos cinzentos afastam-se".

"Criança, estou cativado pela tua beleza:

Com ou sem vontade, serás minha." -

"Nativo, o rei da floresta quer apanhar-nos;

Aqui está: estou a abarrotar, não consigo respirar".

Mikhail Bulgakov injectou-se com morfina para cair num estado de crepúsculo ctónico, aprendendo aí a essência dos enredos bíblicos e a influência de Satanás no mundo, que constituiu a base do seu "Mestre e Margarita".

Recordemos N.V. Gogol com as suas obras "Noites numa quinta perto de Dikanka" e "Viy". As suas personagens vivem como se estivessem em mundos paralelos ao mesmo tempo.

Hamlet, de W. Shakespeare, faz o seu trabalho numa altura em que os outros estão em estado de repouso - a dormir. Para eles, um dia são 24 horas, mas para Hamlet a noite torna-se numa nova etapa da vida.

O homem negro S. Yesenin dita as linhas do poema durante a noite, obrigando o poeta a mergulhar na atmosfera das vinte e quatro horas ctónicas.

Ele senta-se na minha cama,

Homem negro

Mantém-me acordado toda a noite.

Homem negro

Enfia o dedo num livro feio

E, a gritar comigo,

Como um monge morto,

Lê a minha vida para mim

Um prostituto e um vagabundo,

trazendo tristeza e medo à minha alma.

Homem negro

Preto, preto!

As ilustrações das obras em estudo, colocadas em anexo, sublinham ainda mais a peculiaridade da palavra poética na descrição das imagens durante as vinte e quatro horas ctónicas. (ver anexo).

O cronótopo narrativo da Odisseia de Homero

No âmbito do método proposto acima para obter um cronotopo estrutural para os contos de fadas russos, neste capítulo vamos obter um cronotopo espácio-temporal, de calendário, para o texto das aventuras de Odisseu registadas há três mil anos. Se num mito distinguirmos uma cadeia de acontecimentos ligados apenas ao herói principal, então muito do que falámos no início do primeiro capítulo é também aplicável ao mito. É igualmente possível identificar um espaço orientado de tais acontecimentos, no qual operam tanto a lei de Zelinsky como as três leis básicas da construção do enredo, que utilizámos para construir o cronotopo do calendário dos contos de fadas. Abordando os acontecimentos da epopeia como acontecimentos num espaço sacralizado, mitológico, com calendários de doze meses orientados e fixos, discutidos mais adiante, podemos programar todo o texto da narrativa da Odisseia da seguinte forma.

O início da cadeia narrativa de acontecimentos é fixado pela direção do centro do mundo grego antigo (Delfos) para Troia (onde se situava o principal centro de culto de Ares, o deus da guerra). De acordo com o nosso calendário de eventos, esta direção é para o mês condicional de março. março (Ares-Marte) fixa o início da contagem. Esta ligação do calendário mitológico espaço-acontecimento mostrará não só o tempo, mas também a direção aproximada (lugar) de um determinado acontecimento da narrativa no âmbito do mitologema desenvolvido pelos gregos antigos. Isto permitia a um grego letrado, que conhecia os seus mitos e estava a par dos mistérios dos seus mistérios, navegar perfeitamente na topografia da sua oikoumene nativa.

Limitemo-nos, por agora, à parte da aventura da narrativa, aos acontecimentos principais da viagem marítima de Odisseu.

CRONÓTOPO DO CALENDÁRIO:

\0. A partida de Odisseu em 12 navios de Troia (março).\1. A ilha de Kikonov. Matar todos os habitantes. Fuga. Tempestade no mar.\2. Ilha sem nome. Tempestade. H. Ilha do Lótus. Perda de memória do lótus (bebida do esquecimento).\ 4. Ilha das Cabras. \ Ilha dos Ciclopes. Polifemo cego. Insultando Poseidon. \6. Regresso aos navios na ilha de Koz. \ 7. A ilha do Éolo (Éolo é o pai de 12 filhos: 6 filhos, 6 filhas). Zephyrus - vento oeste. Partida para Ítaca, sono, inveja dos companheiros, descoberta dos ventos, passagem por Ítaca. Regresso a Éolo. Insulto a Éolo. \ 8. A ilha dos gigantes de Lestrigon. A perda de 11 navios. \9. A ilha da feiticeira Kirka (filha de Hélio). Bestas, bolotas. 1 ano como hóspede de Kirka. Aparição de

Hermes. Morte de Elpenor. \10. Odisseu no Hades (o país setentrional dos cimérios, o país da noite eterna). Adivinhação de Terésio. Odisseu descobre a razão dos desastres - a vingança de Poseidon pelo seu filho, o ciclope Polifemo. \11. Regresso à ilha de Kirki. Funeral de Elpenor. Previsões particulares. \12. A ilha das sereias. Canções de Troia. \13. Cila. A morte dos seis satélites. \14. A ilha de Hélios (o Sol, filho de Zeus). Tempestade. Fome. Violação da proibição e morte dos touros de Hélio. Fuga da ilha de Hélios. Vento Zemphira, tempestade. Morte do último navio e dos companheiros que violaram a proibição e mataram touros. \15. Vento sul Notus. Caríbdis. \16. Ilha de Calipso. 7 anos de perda de memória. Zeus, Atena e Hermes libertam Odisseu. 17. A ira de Poseidon, a tempestade, o naufrágio da jangada de Odisseu. \18. A ilha do rei Alkinoi (dos Pheacianos). A vitória de Odisseu nas competições desportivas. \19. Regresso de Odisseu a Ítaca em estado de sono. \20. A ira de Poseidon contra os Feácios por terem quebrado a proibição e ajudado Odisseu. Odisseu e Atena. A transformação de Odisseu num homem velho. Os presentes escondidos na gruta.

Combinando os eventos que ocorrem dentro de cada mês condicional em grupos, obtemos a seguinte série de conjugações. março: (0), partida de Troia \ (12), canto das sereias sobre Troia. abril: (1), morte de parte dos Kikónios \ (13), morte de parte da tripulação por Cila. maio: (2), ilha desconhecida, tempestade\ (14), ilha de Hélio, tempestade, vingança de Zeus. junho: (3), lotófagos, bebida do esquecimento do lótus\ (15), Caríbdis, rio do esquecimento do verão no calendário do Mundo de Hades, (16) Calipso, perda de memória. julho: (5), a cegueira do ciclope Polifemo e o seu apelo a Poseidon para se vingar (17), Poseidon afunda a jangada de Odisseu com uma tempestade e despe-o por vingança. agosto: (6), a ilha das Cabras\ (18), a ilha de Alkinoi (Pheakes), a deusa Ino, setembro: (7), a ilha de Éolo (ventos), tempestade, não se consegue chegar a Ítaca, regresso de Odisseu a Éolo\ (19), regresso de Odisseu a Ítaca. Para uma verificação preliminar da correção do cronótopo dos acontecimentos em "A Odisseia", podemos considerar as seguintes considerações como argumento. De acordo com o mito principal, a ilha dos Ciclopes (5) e a ilha de Alkinoi \ ilha dos Feácios; acontecimento (18)\ eram vizinhas ("Odisseia", canto 6, verso 5), o que causou muitos problemas aos Feácios \II.23, p. 148\. 148\. Apesar de no texto da "Odisseia" estarem separados por um grande intervalo de tempo e número de acontecimentos, na estrutura do cronótopo de acontecimentos por nós obtida, continuam a aparecer um ao lado do outro!

Esta é a manifestação da ciclização do enredo inerente a este texto. As razões para tal ciclização estão no princípio do calendário da formação do curso da narrativa na epopeia, no mito, no conto de fadas.

Os eventos seguintes estão agrupados por três:

(Scylla / Helio-sa / Charybdis); (Aeolus / Ithaca / Aeolus) e (Pheacus / Ithaca / punição de Pheacus). Aqui é importante o momento em que Odisseu regressa a Éolo depois de desatar o saco dos ventos. Se no primeiro ciclo de acontecimentos Odisseu não chega a Ítaca (passou por Ítaca), então no segundo ciclo de acontecimentos este momento corresponde à chegada de Odisseu sonolento a Ítaca (o seu regresso incompleto), e ao regresso incompleto dos Pheacianos à sua ilha - Poseidon transformou-os numa Rocha. O episódio com Kirka (eventos 9-11) pode ser considerado um grupo semelhante de eventos: (Kirka\Aid\Kirka). Assim, os acontecimentos agrupados em trigémeos dividem o campo de acontecimentos em três partes (Heli-os/Itaka/Aid). Esta constitui a tríade principal do texto em análise. De acordo com a sistematização acima, a cadeia de acontecimentos (cronótopo do acontecimento) divide-se em três sectores. No primeiro sector, primavera-verão, tudo se agrupa em torno de Hélios, o Sol, filho de Zeus. Caracteriza-se pelo período das viagens e das aventuras arriscadas. No segundo sector (verão-outono), os acontecimentos agrupam-se em torno dos deuses dos ventos Éolo e Poseidon. É a época das festas, dos festivais, dos presentes e dos jogos desportivos (ver acima a análise do mito de Teseu e da sua criação dos jogos Ístmicos em setembro: a época da visita à ilha dos Teácios e da participação de Odisseu nas competições desportivas é também setembro! - evento 18.). O terceiro grupo de acontecimentos (inverno) inclui as visitas ao mundo dos antepassados (Hades), a conversão em animais, o sono e o tempo das profecias e adivinhações.

A coincidência do cronotopo dos acontecimentos em diferentes mitos (neste caso, a coincidência do tempo dos jogos desportivos nos mitos de Odisseu e Teseu) não é acidental, mas o reflexo de uma tradição religiosa e ritual constante.

Outra coincidência interessante: de acordo com o calendário de eventos, o momento da visita de Odisseu ao rei Alcinoi e a competição em que Odisseu participou coincidem com a época dos Jogos Délficos (setembro a s.). O texto da Odisseia enumera mesmo os principais tipos de competição neste episódio: corrida, luta, salto, luta de punhos, lançamento do disco. Parece-nos que esta ligação literal do texto ao calendário mitológico anual foi a motivação para o aparecimento do episódio das competições desportivas no texto. De acordo com a nossa observação, não existem outros motivos (e razões para a longa preservação deste episódio na tradição oral). Finalmente, notamos que o momento da matança dos touros de Hélios (evento 14 na Fig. 11.1.A) cai no mês de maio, de acordo com o nosso calendário de eventos da narrativa. Em relação à península do Peloponeso, isto corresponde à direção para a ilha de Creta (o antigo centro de culto grego do touro Hélios. Este culto foi trazido do Egipto, que se encontra na mesma direção geográfica de Micenas).

Note-se ainda que os três acontecimentos relacionados com a visita do ciclope Polifemo à ilha sem nome (4) - ilha de Polifemo (5) - ilha sem nome (6)\ sublinham Polifemo como portador do obstáculo ctónico, devorador de homens. Próximo deste episódio está o acontecimento (17) - a vingança de Poseidon pela cegueira do filho de Polifemo. Por outro lado, a visita de Odisseu à ilha dos lotófagos (3) com a ingestão do sumo da infusão de lótus e a estadia de Odisseu na ilha de Calipso (16) coincidem no calendário do Mundo de Hades com o momento da travessia do rio do esquecimento do verão e com o mês de Hypnos (julho) - o filho de Nycta (Noite). Estes acontecimentos situam-se no eixo da transição primavera/outono (ver Apêndice-3, o calendário grego antigo).

Do mesmo modo, no eixo de transição outono/inverno, há um acontecimento de destruição de quase todos os navios \ 11 de 12 navios foram destruídos e comidos por gigantes - Lestrogonians (8). Mas este é o mês que marca o fim do ano. A transição do inverno para a primavera corresponde ao momento da partida de Troia (acontecimento \0.) e da visita à ilha das Sereias (cantos das Sereias sobre Troia, acontecimento \12.). Assim, segundo o texto, nestes momentos do ano do acontecimento eram feitos sacrifícios humanos às forças ctónicas. A destruição do navio no evento (evento \14.) não está ligada não às forças naturais, mas à violação da proibição de matar os touros de Hélios. Esta divisão do círculo anual em três estações principais com sacrifícios durante as transições entre elas é uma peculiaridade da antiga tradição cultual grega (mediterrânica).

Em termos da dialética do desenvolvimento das categorias, podemos verificar que a oposição (partida/retorno) de Ítaca passa dialeticamente pelas seguintes fases ao longo da narrativa: (não chegar a Ítaca (7)\, regresso incompleto a Ítaca (19)\, regresso final (25)). É de notar que o episódio da principal previsão de Teresius (acontecimento \10.) ocorre em janeiro (dias santos), que, segundo as crenças modernas, é a altura ideal para este tipo de adivinhação.

Os momentos de aparição dos principais deuses que participam no destino da personagem principal da Odisseia não são acidentais. Assim, Boreas aparece em abril, o ciclope Polifemo (filho de Poseidon) em agosto, Éolo (outubro), Kirka (filha de Hélio) em dezembro. segundo o texto, ela alimenta os viajantes transformados em porcos com bolotas, que amadurecem em novembro\ e em fevereiro; Hades (em janeiro?); Ares (em março); Hélios (em maio); Vento não Sul (em junho!), Poseidon (julho, agosto, outubro, dezembro-janeiro). Aliás, o mês de dezembro na Grécia era assim chamado - Poseidonius). Os principais iniciadores da intriga Zeus e Atena aparecem no texto: Zeus (em junho afogou o navio e os profanadores dos touros de Hélios, \ em julho libertou Odisseu de Calipso (16)); Atena (abril, julho, agosto, setembro e mais adiante), Ao analisar o sistema de conjugações utilizámos os seguintes calendários mitológicos e de culto gregos antigos: Calendário Mundial de Zeus.

\Ares.

\Atena (abril, sabedoria, natureza)

\Afrodite.

\4. Hera (junho, beleza, casamento, nascimento)

\5. Zeus (julho, mente, lei, ordem)

\6. Hefesto (agosto, fogo, terramotos, artesanato)

\7. Héstia (setembro, fogo doméstico e purificador, casamentos)

\8. Hades (outubro, o mundo dos mortos, subterrâneo)

\19.Demerta (novembro, fertilidade da terra)

\10. Artemis (dezembro, padroeira dos animais, da caça).

\Poseidon (janeiro, águas da terra, mar).

\12.Apollo (fevereiro, irradiação de luz).

Calendário mundial de Aida.

\1. O submundo (a terra das almas não enterradas).

\Charon (rio Styx). \Cérbero.

\Minos (juiz do enterro).

\Persefone (a terra das almas não saciadas e dos espíritos das plantas).

\5. Hécate (a bifurcação do caminho para o Tártaro ou Hades).

\6. Mania (mani-dom, o paraíso dos justos).

\O Rio de Letes (Ilha dos Abençoados, Esquecimento).

\Nycta (Hypnos, Thanatos, Noite).

\Hades (fogo de purificação).

Voltemos aos episódios relacionados com a feiticeira Kirka. No primeiro episódio (dezembro) ela desempenha o papel de Ártemis (caçadora, padroeira dos animais e do gado), a quem se fazem sacrifícios no início de dezembro, e no segundo episódio (após o regresso de Odisseu do Hades) ela desempenha o papel de Apolo - Phebus \ gémeo de Ártemis \, que é o patrono de fevereiro e é capaz de prever o futuro \ devido a esta qualidade foi fundado em Delfos (a nordeste de Atenas) um santuário dedicado a ele para previsões \...).

O calendário do Mundo de Zeus coincide com o calendário zodiacal se o último a "voltar atrás" em 48 dias. Se utilizarmos as tabelas do círculo do Mundo, obtemos as seguintes coincidências interessantes relativamente ao calendário de Zeus e ao calendário zodiacal. Como um mês zodiacal corresponde a 2160 anos, verificamos que há 3456 anos (em 1456 a.C.), no dia 1 de janeiro, surgiu o primeiro ano da era de Aquário, que está associado ao deus Poseidon como guardião das águas subterrâneas. Depois, no dia 1 de outubro (ou no dia do equinócio de outono) cai Escorpião - o símbolo de Hades (Cérbero de três cabeças com uma cauda de dragão venenosa, e no dia 1 de julho cai o signo de Leão (o símbolo de Zeus, que coincide com o mês de Zeus). Nomeadamente, é possível afirmar que o calendário do Mundo de Zeus (antigo calendário grego de Homero) está de alguma forma ligado ao calendário zodiacal mais antigo (indo-europeu). O antigo calendário religioso lunar hebraico, que começa com o mês de Aviv (Nisan, março), pode ser considerado próximo do calendário considerado. No dia de lua cheia deste mês (15 de Nisan) celebra-se a Páscoa (originalmente era o dia da colheita e mais tarde foi considerado o dia do êxodo do Egipto). Exatamente 6 meses lunares mais tarde, após o Dia da Purificação, celebra-se a Festa dos Tabernáculos (15 Afanim, setembro). Quarenta e cinco dias antes da Páscoa, celebra-se o início do mês de Adar (1 de fevereiro, segundo o calendário lunar). Na antiga tradição grega, este dia era dedicado a Apolo (Phoebus). Aplicado à tradição ortodoxa posterior, o Dia das Panquecas foi marcado para este dia (7 semanas antes da Páscoa). Assim, o entrudo pode também ser considerado em ligação com a

Mistérios délficos (festivais de luz) dedicados a Apolo.

É de notar que, no calendário tibetano, até hoje (até ao fim do primeiro mês lunar completo após o solstício de inverno), o início do Ano Novo é cronometrado e celebra-se o dia da purificação dos espíritos do ano anterior (queimam-se bonecos-mulajis), etc. Por isso, é possível que haja também elementos do Extremo Oriente na tradição ritual do entrudo. Assim, a tradição ritual do Dia das Panquecas também pode incluir elementos do Extremo Oriente.

Note-se que o ano civil no calendário lunar hebraico começava no sétimo mês de Afanim (ou Tishri, setembro). É de salientar que no 50.º dia após a Páscoa judaica (após o sétimo dia) era celebrado o dia da Lei (Moisés). Uma das tríades do calendário considerado é (Dia da Lei / Dia da purificação / Shebat (janeiro)). A segunda tríade (Páscoa, o Dia de Tuvalcain (Elul, Dia de Elias), o Dia do Templo (25 de Kislev, Hanukkah)). Se compararmos com o calendário grego antigo, a festa pré-bíblica de Tuvalkain (dia de Caim, do cobre, dos ferreiros) coincide com o dia de Hefesto.

O calendário do Mundo de Hades foi reconstruído a partir da Eneida de Virgílio. É de nove meses, contém 40 dias num mês convencional e não está ligado aos ciclos lunares. Segundo os gregos, este calendário determinava a atração especial do tempo subterrâneo, a intensidade lenta das forças ctónicas. Escolhemos um calendário de outra fonte literária para mostrar a sua eficácia no caso em apreço. Por outro lado, para a análise inicial do texto, elaborámos calendários preliminares, menos pormenorizados, mas coerentes com os apresentados, utilizando as oposições acima referidas. Ou seja, o texto em si é suficiente para uma análise preliminar do texto sem o envolvimento de material extra-textual.

No "mundo subterrâneo", a sombra (a alma humana sobrecarregada pela vida) espera 40 dias pelo enterro do corpo, durante os quais lhe é dada uma moeda para pagar a Caronte a travessia do Estige e um pão achatado para Cérbero. A multidão de sombras transportadas está à espera do julgamento por sorteio de Minos. Após o julgamento, algumas das sombras, as almas que ainda não se acalmaram da sua vida terrena e sofrem com a sua vida terrena, caem nas mãos de Perséfone, que tem a oportunidade de vir à superfície da Terra em março e ajudar os que vivem na Terra a pedido dos mortos (4). Entre os eventos (5) e (6), a sombra pacificada, seguindo o seu destino, ou por decisão de Perséfone ou Hécate, cai no palácio de Hades (6), ou no Tártaro {transição para outro meio-plano\. Atrás do palácio de Hades existe o rio Leta, e aqueles que o atravessam a nado chegam à Ilha dos Bem-Aventurados (a Ilha do Esquecimento).

No que diz respeito ao estudo do empréstimo posterior de elementos do mito de Hades nos contos de fadas russos, a invisibilidade de Hades e de Perséfone para os heróis que visitam Hades está relacionada com o facto de Hades possuir um capacete mágico dourado que o tornava invisível (chapéu invisível) e sandálias de cobre que o levavam instantaneamente para qualquer lugar (botas rápidas). Estas ajudas mágicas eram dadas todos os anos a Perséfone quando esta vinha à superfície ter com Deméter no início de março. Isto tornava-a invisível para Cérbero.

Detemo-nos tanto nos calendários mitológicos do helenismo primitivo, em vez de nos calendários de culto grego do período de Hesíodo e Homero, porque os textos sobreviventes da Odisseia e da Ilíada foram reelaborados no século I a.C., de acordo com as ideias sobre o mundo então vigentes (listas alexandrinas). Sobrepondo os calendários citados ao cronótopo de eventos da Odisseia, podemos facilmente encontrar muitos paralelos e justaposições interessantes.

Muitas das características identificadas no texto da Odisseia podem ser explicadas se imaginarmos que, num mesmo episódio, há uma sobreposição de acontecimentos de diferentes calendários (o Mundo de Zeus, o Mundo de Hades, o Mundo de Poseidon, o Mundo real) que lhe correspondem em termos de cronótopo, cuja possibilidade de aparecimento já identificámos anteriormente ao analisar os contos de fadas russos.

Assim, é fácil estabelecer que os acontecimentos "dormir junto da ninfa Calipso" e "intoxicação com lótus", bastante separados um do outro no texto, mas que aparecem próximos no calendário de acontecimentos (cronótopo estrutural), estão ligados à coincidência com o mês condicional do deus Gynozos (julho) no calendário do Mundo de Hades. Mas foi Hypnozos o responsável pelo sono, pelo adormecimento, pelo esquecimento, que teve lugar nestes acontecimentos. O aparecimento da história com o ciclope Polifemo pode ser explicado pelo facto de no calendário do Mundo de Poseidon, nesta altura do ano, cair um mês dedicado ao terceiro ciclope, mais novo - o filho de Poseidon, (segundo outras versões - ele é assistente de Hefesto - aus. agosto - na forja).

Lendo "A Odisseia", encontramos o episódio "Almas de noivos no reino de Hades", onde a utilização de um calendário deste tipo é explicitamente indicada: "Uma série de almas de noivos seguia Hermes na estrada sombria. Conduziu-as cada vez mais longe, passando pelas águas do oceano cinzento (norte), pelas portas do deus sol Hélios (leste), pelo país onde vivem os deuses do sono (Hypnozos, sul), pelo rochedo de Leucada (oeste, a entrada do Hades)". Ou seja, as almas dos noivos assassinados fizeram um círculo completo de calendário no Mundo de Hades. Por outro lado, este parágrafo apresenta, de facto, uma breve recapitulação de todo o enredo da viagem de Odisseu. Este é um método bastante interessante de compilar o enredo de uma lenda: ver diferentes calendários mitológicos e escolher o episódio apropriado correspondente a um determinado mês aus.

Partindo deste pressuposto, podemos mesmo calcular o tempo médio de acontecimento da viagem de Odisseu. Assim, de acordo com o texto, ele passou 7 anos com a ninfa Calipso, 1 ano com a feiticeira Kirki e, de acordo com o cronótopo do evento, gastou efetivamente 1,5 anos convencionais para chegar a Ítaca. Total -9,5 anos condicionais.

Assim, vemos que a estrutura do cronotopo do calendário, para além da forma externa do enredo narrativo, é também uma espécie de cifra de culto, de calendários de mistério, e um certo mapa topográfico de uma qualquer viagem real. Aparentemente, foi assim que Heinrich Schliemann, o descobridor de Troia, imaginou tudo, quando procurou a sua localização seguindo literalmente o texto da Ilíada: utilizando o mapa da antiga Hélade e seguindo os locais de culto de Ares.

O mundo do além, sob a forma de um prado-pastagem com animais sacrificados queimados, era chamado uellu (prados elísios, prados de Veles, o deus do gado) pelos indo-europeus. Não será a história do rei Eliseu como senhor do além, que desposa a princesa adormecida (natureza) - como uma versão de conto de fadas do mito de Perséfone e Hades? Esta predileção dos proto-indo-europeus recorda-nos, mais uma vez, uma possível pátria ancestral - as estepes dos prados do Donbas.

Na análise do conto de fadas "Gansos - Cisnes", debruçámo-nos sobre a surpreendente coincidência, no cronotopo dos acontecimentos, do momento do aparecimento das tempestades em vários mitos gregos antigos. Em "A Odisseia", refere-se à estação e aos acontecimentos da primavera (\2. - a tempestade no início da viagem de Troia, \14. - a tempestade perto da ilha de Hélios) e às tempestades de outono relacionadas com a aproximação de Odisseu a Ítaca (acontecimentos \7. - a tempestade perto da ilha de Éolo e \19. - a tempestade no regresso de Odisseu). Esta coincide com o facto da mudança de direção da monção mediterrânica (ethesia) ao largo da costa da Grécia. Um olhar mais atento a este motivo na Odisseia e no mito dos Argonautas, analisado em seguida, revela uma repetição estável da oposição: a partida dos heróis na primavera \ a sua chegada no início do inverno. Isto corresponde à direção sazonal da monção-ettesia: no verão, sopra firmemente de norte para sul, e no inverno - de sul para norte. Assim, no verão, é possível navegar em segurança da Ática para as ilhas (a maioria situa-se a sudeste da Grécia continental) e, no inverno, com as velas cheias, regressar a casa com os despojos. Este é o tal ciclo anual de ativação da oposição entre navegação e regresso que surge quando se analisam estes mitos. A propósito, o leitor pode verificar por si próprio que os calendários sazonais e mitológicos apresentados no Apêndice 3 têm em conta este fator mais grave da cultura grega antiga (no antigo panteão grego havia ventos do norte e do sul, e o deus das tempestades das estações de transição /o mesmo Éolo/).

Motivos ctónicos na lenda de Vseslav Polotsky

A famosa recontagem das "canções" de Boyan sobre Vseslav Polotsk, incluída no texto de O Conto da Campanha de Igor, tem atraído repetidamente a atenção de vários investigadores que tentaram clarificar o contexto histórico de certos episódios, restabelecer a sequência e as causas dos acontecimentos reais ou restaurar o complexo geral de ideias sobre o misterioso príncipe que se tornou rei. É de notar que, na maioria dos casos, os "lugares obscuros", as possíveis variantes das suas interpretações e correcções estiveram no centro das atenções, enquanto a camada mitológica clara, só em pequena medida estudada, permaneceu fora do estudo.

Em primeiro lugar, trata-se de referências extremamente raras na literatura russa antiga (especialmente numa época tão precoce) às divindades do panteão ctónico, cuja memória foi intensamente apagada pela Igreja. O objetivo desta nota é mostrar a possibilidade de uma leitura mitológica de um fragmento controverso da lenda de Vseslav. Trata-se da frase:

"O príncipe Vseslav julgava o povo, os príncipes remavam pelas cidades, e ele próprio rondava por toda a parte durante a noite; de Kyev viajou até Kur Tmutorokan; até ao grande Klusov o caminho foi aberto por toda a parte".

Neste fragmento, a atenção constante dos investigadores modernos é atraída pela combinação "up to Kur'kur'Tmutorokan", em que "up to Kur'kur" actua como ponto de referência espacial, ou como ponto de referência temporal. No primeiro caso, a palavra é definida como um topónimo em que os investigadores vêem a cidade de Kursk, o rio Kura ou o turquismo ("até às muralhas - ou torres - de Tmutorokan"); no outro caso - uma indicação da hora do dia ("até ao canto dos galos"). A consideração desta expressão não isoladamente, mas no seu contexto, tendo em conta os elementos gráficos reproduzidos na primeira edição de 1800 e repetidos na famosa "cópia de Catarina", permite, em nosso entender, propor uma outra interpretação possível.

Dois pontos parecem ser os mais importantes: a ligação de "Kura" com o lobisomem noturno de Vseslav, quando Vseslav "ao grande Hrsóvi" (o sol na sua hipóstase nocturna, em oposição ao deus Dazhd, o sol diurno) "o caminho interrompido" (ou seja, ultrapassado), e a grafia estável de Kura com uma letra maiúscula como nome próprio ou título. A manutenção desta grafia tanto no exemplar de Catarina como na primeira edição, esquecida por editores e comentadores posteriores de O Conto da Campanha de Igor, sugere que, no original manuscrito, as letras maiúsculas foram realçadas com cinábrio pálido ou com letras mais ousadas, e numerosos copistas mantiveram a grafia, Ao contrário de Khors, que perdeu não só o seu significado original, mas também a sua caraterística gráfica individual ao longo dos séculos, pelo que foi reproduzido na primeira edição com um "x" inicial minúsculo.

Por outras palavras, as características acima mencionadas permitem-nos, abstraindo do topónimo "Tmutorokan", sobre o qual os comentadores concentram a sua atenção, apresentar "Kur" como uma certa criatura mítica que fazia parte do sistema de representações "noite-sol-mundo subterrâneo". As três componentes acima referidas, apesar do seu pequeno número, têm o mérito de, em conjunto, delinearem o círculo de consciência mitológica em que "Kur" pode existir e, em certa medida, definirem esta imagem enigmática.

Tanto o lobisomem noturno de Vseslav como a menção de Khors conduzem-nos inevitavelmente à parte das representações mitológicas de vários povos que se concentra em torno do aspeto mais importante do mito solar: a viagem nocturna do luminar diurno, a sua morte e ressurreição nas águas do submundo, a sua descida ao pôr do sol para o reino dos mortos. É difícil sobrevalorizar o papel desempenhado pelas ideias sobre o "mundo inferior" e o culto das divindades ctónicas na vida dos povos culturais da Antiguidade. Sem sequer tentar cobrir em termos gerais a complexa variedade de cultos, mistérios e imagens em que se baseava a compreensão dualista de "vida-morte", "microcosmo-macrocosmo", etc., vale a pena notar que as personagens ctónicas, envoltas no mistério das trevas, nas representações da Antiguidade e da Idade Média eram muito mais importantes para a vida quotidiana do que as suas antíteses diurnas, ou melhor, do que as suas hipóstases diurnas. Este dualismo, elaborado em pormenor nas doutrinas e cultos religiosos do mundo indo-iraniano, com maior expressão no zoroastrismo, encontrou na Idade Média europeia um terreno favorável entre as seitas heréticas, das quais os cátaros e os albigenses eram as mais conhecidas no sul da Europa e os bogumilos (Bulgária), cujas obras circulavam na Rússia, entrando nos índices dos livros "renunciados".

Parcialmente publicadas, mas ainda insuficientemente estudadas, estas obras "renunciadas", que circulavam na Rússia já na época pré-mongol, conservaram vestígios e recontos dos mais antigos mitos do Próximo e do Médio Oriente, remontando das civilizações da Anatólia e da Dvurechia aos seguidores de Zoroastro, e destes - através dos arménios - aos bogumilos. Um desses reflexos do mais antigo mito solar é o "Conto do Grande Kur", que faz parte do pouco estudado "Conto de Toda a Criação" e é mais conhecido pelo nome de "A Palavra sobre a Trindade na Criação do Céu e da Terra". É mencionado nos índices Solovetsky de livros "renunciados", publicados em devido tempo por N.S.Tikhonravov, de acordo com a lista da Coleção n.º 774 de 153119 e contida na Coleção do século XVI da coleção do Museu Histórico, onde, a fls. 137, se lê o texto mais completo do "Conto do Grande Kur": "... O sol flui pelo ar durante o dia, e à noite pelo oceano, mas à noite voa baixo e não se molha, por isso é lavado no oceano três vezes por dia", diz a escrita. E o mar é a cabeça para o céu, e o mar para o céu. O sol é lavado no oceano, então o oceano será todo inclusivo. e as ondas do mar começarão a bater o kura nas penas do kura, e o kura, tendo honrado as ondas do mar, também cantará, Ó Senhor Deus, e dará luz ao mundo. Então, todas as galinhas cantarão num ano. Em todo o universo, o sol será removido do akiyan, o oceano do sol e todas as águas do akiyan.

O "Kur'u" representado neste texto, como se pode ver, corresponde exatamente às características que foram delineadas acima, ao analisar o texto sobre Vseslav e Khors: está localizado perto das águas do oceano do mundo (ou seja, no submundo), onde o sol desce à noite, e "regula" o caminho da luz do dia durante a noite, estando ligado ao sol e à noite por uma relação direta.

No entanto, neste momento, interessa-nos mais um outro aspeto do Conto, o seu conteúdo real, graças ao qual vemos a figura de uma das divindades ctónicas com um acentuado aspeto zoomórfico, que, sob a pena do escriba russo, passou de habitante do submundo (o reino dos mortos, o oceano dos mortos) a uma espécie de ponto de referência último do mundo concebível. É precisamente desta forma - até Kur, ad ultima Thule - até aos limites extremos do mundo existente, "até ao último mar", que o príncipe que se tornou príncipe Vseslav chega, ultrapassando o sol da noite na sua corrida.

E não é o único. A tentativa de encontrar as origens do "Conto", reflectida de forma tão insólita em "O Conto da Campanha de Igor", através da recontagem da lenda de Vseslav (é legítimo colocar a questão: Polotsk ou Vseslav?), leva-nos às profundezas da mitologia indo-iraniana, em cujas origens encontramos tabuletas de argila sumérias com registos do poema sobre Gilgamesh e da deusa Inanna a apadrinhar o herói.

O Cosmos de Dostoiévski

Dostoiévski foi estudado: os seus pensamentos e personagens; a sua ideologia; a sua psicologia como psicólogo da alma humana; a estrutura dos seus romances (polifonia e diálogo - segundo M.M. Bakhtin). [1]A corporeidade, a matéria e o objeto do seu mundo ficaram, de alguma forma, por abordar. Será que não tem importância o facto de ele ter uma cidade, um queijo, noites brancas, sem animais, cozinhas, cantos, divisórias, aranhas, mau cheiro, escadas, consumo, epilepsia, sem mães, sem pais, sem nascimentos, sem Cáucaso, sem mar, mas lagoas? Ou seja, não só o que é, mas também a materialidade minúscula, isto é, as coisas que ele não tem e que outros escritores russos têm e que são significativas no contexto da literatura russa - tudo isto é também voz e significado. E esta materialidade não é apenas um enchimento da estrutura - não, é ideológica, é também uma voz de pleno direito na polifonia do Todo. Para os corpos, as coisas não são espiritualmente medíocres, mas são co-constituídas com significados espirituais, são ideias-corpo.

Leremos o Cosmos de Dostoiévski (no sentido helénico - como a estrutura do mundo) na antiga linguagem filosófica natural dos quatro elementos.

Porque é que Dostoiévski não tem natureza e paisagens, mas concentra tudo na cidade, e o que é que isso pode significar? A natureza é-nos natural. Aqui não há alienação. [2]No meio da natureza, o sentido que o homem tem da sua peculiaridade e singularidade no ser dissolve-se - algo que é agudamente cercado na cidade, uma vez que o homem é aí a única criatura viva, nascida na natureza - um organismo no meio de um mundo artificial de mecanismos - circundante, mas não nativo (pois não nasce na gónia, mas é criado pelo trabalho na gurgia). [3]Dostoiévski precisa desta excomunhão da natureza para, tendo rompido o cordão umbilical com o ambiente fraterno, provocar um curto-circuito nas pessoas, criando assim uma enorme tensão, um vibrador, um amplificador para olhar para os mais pequenos esforços anímicos intra-humanos.Ele precisa da cidade, por princípio, para encontrar um homem sem outros parentes na existência, exceto a sua própria espécie: só a raça humana é sua parente, não a natureza - e é por isso que ele tem um monotema: o homem e o destino da humanidade no vácuo da falta de vida e na terra estrangeira da substância. Tolstoi, pelo contrário, leva as tensões inter-humanas para o céu (o Austerlitz do Príncipe André) e para a terra (a folha de

---

[1]

[2]

relva no refrão de "Ressurreição"). Ele tem a humanidade desligada na natureza = o nativo. Nele, e em Pushkin, que também incluiu a natureza no âmbito da sua visão do mundo, a existência é mais abrangente, mas também mais relaxada, pois há mais substâncias, espécies = ideias, objectos. Em Dostoiévski, não há vistas, não há invisíveis (nevoeiro, noite), não há espaços exteriores (paisagens), mas o mundo das forças e das energias vagueia à parte das massas. Com ele, como na dinâmica, a força e o tempo são as categorias. Ele cria a dinâmica da Psique, a Alma do Mundo na sua encarnação em alma humana, no meio do Cosmos (o mundo de Deus, que ele não aceita - cf. Ivan Karamazov) e do Logos (razão, "Aritmética"). E quando isolado do espaço, a atribuição de si mesmo à corrente do tempo é igualmente intensificada. (É por isso, aliás, que o tempo da ação nos seus romances é tão menor: quase todo o drama num dia, metade de "O Idiota" numa noite).

Mas negar a ajuda e a cumplicidade do espaço na Rússia - a terra dos espaços (cf. Gogol: "que profetiza esta imensidão?") - é um verdadeiro sacrilégio incompreensível: é a luz e a neve que foram invadidas e ofuscadas pelas suas entranhas, pelas suas vísceras - as almas humanas. [3]E esta blasfémia de Dostoiévski contra o "Deus russo" (que, nas palavras de Pushkin, "nos ajudou" em "A Trovoada do Décimo Segundo Ano") só é comparável à violência de Pedro, o Grande, contra a Rússia natural, quando a cortou, encurtou e a fez cair num granizo de pedra nos pântanos, criando o mitologema da água e da pedra como um novo enredo da história russa (ouça-o em "O Cavaleiro de Bronze" e "A Corrente de Ferro"). É por isso que Dostoiévski precisa organicamente de Petersburgo como o umbigo do seu mundo, o centro do Psico-Cosmo-Logos à maneira dostoievskiana. Mesmo em Cheremoshnya e nas cidades do interior da Rússia, ele sai com a textura de Petersburgo, como Nicolau, o Maravilhoso, com um templo da cidade no braço: o mesmo clima de Petersburgo (nevoeiros, chuvas, neve lamacenta) e ruas apertadas, casas, salões e cercas - o análogo das muralhas da cidade.

No meio da natureza há naturalidade e facilidade no homem. Na cidade - liberdade e (ou) necessidade. [5] Na natureza, há uma dissecação pré-subjectiva e não-objetiva do ser e do homem, uma permanência pré-Kantiana, pré-Dostoiévski, na confiança natural ("dogmática"), na unidade e no sincretismo do ser e do pensar: ainda não há crítica, e o problema epistemológico ainda não surgiu, ao contrário da ontologia.

E aqui está, a revolta de Hipólito de Kant em O Idiota: "Para que preciso da tua natureza...,

---

[3]

dos teus amanheceres e entardeceres, do teu céu azul..." (os principais antagonistas do mundo de Dostoiévski são enumerados: o céu e o sol. Não há céu no mundo de Dostoiévski: ele está virado para os cantos e recantos da cidade, o seu olhar é descendente e oblíquo. Também não há sol: nem como luz nem como olhos no céu - apenas "os raios oblíquos do poente..." Pois bem, sim, as noites brancas, que são as suas preferidas, são uma mareva de luz sem sol, uma luz sem olhos, um véu, uma visão do sol polar escondido. É luz sem sujeito, luz ateia), quando toda esta festa para a qual não há fim (e esta é uma ideia hostil: o infinito, pois é uma dissipação, um adversário da força que se ganha precisamente na medida da condensação, da finitude do (não) ser num ser, numa coisa, numa vida singular. Assim, a mortalidade e a finitude do homem são uma condição prévia para que ele se torne um coágulo energético de forças e a arena da sua dinâmica. O ser é encurralado no homem - a figura geométrica básica em Dostoiévski - e aí, na sua armadilha, onde não tem para onde ir, é forçado a confessar em confissão, os seus segredos são espremidos para fora de Psique, ela está a pulsar e a ofegar - no romance como no ecrã. [6] E para encenar esta experiência é criada uma câmara obscura como a de Petersburgo de Dostoiévski), começou pelo facto de me considerar apenas um figurante?" Eis a frase-chave. Mas é ao contrário: não fui eu que a natureza deitou fora, mas eu rejeitei-a, sou supérfluo. Mas com este sacrifício, neste ato de cortar o cordão umbilical, obtenho o meu "eu" descartesiano, sobre o qual tudo será construído mais tarde. Não foi o banquete do mundo que começou com o facto de só eu ter sido considerado supérfluo, mas eu (a personagem do mundo de Dostoiévski, e o seu demiurgo, Deus, o Autor-Criador) comecei com o facto de o mundo ter sido considerado supérfluo ("Não aceito o mundo de Deus").

Assim, o corte é da natureza, da(s) mãe(s), pois a natureza, como o nascimento, é a mãe. A cidade é masculina, pai. A natureza é feminina, mãe. Não é, portanto, sem razão que a civilização urbana se desenvolve sob o patriarcado. E, à medida que o romance de Dostoiévski se desenvolve, o desaparecimento da imagem da mãe e a construção da imagem do pai são claramente identificáveis. [7] Em "Gente Pobre", muito espaço continua a ser ocupado pela mãe de Varvara, as suas calamidades, o pai é desconhecido, e o segundo pai - Pokrovsky - é ridículo, e é apenas sugerido pelo pai em' grande Bykov (e o Touro não é a constelação de Virgem, sob a qual o nosso Abençoado - Makar Devushkin). E à sua amada irmã Makar dirige-se com as palavras "matochka" = mat(y + dev)oka, constrição. Em "Crime e Castigo" há mães, e este romance é de transição, pertence ainda ao tradicional, monológico, europeu.

Em "Adolescência" a mãe empalidece, o pai é importante. Em "Os Irmãos Karamazov", o pai cresce para metade do céu, metade do mundo, e a mãe é reduzida a um trapo de Elizaveta Smidyaschaya.

O que é o homem na cidade, do ponto de vista dos elementos? A correspondência de "Gente Pobre" é o chilrear dos pardais da cidade, que se sentam nas janelas de alguns andares e ecoam uns com os outros pelo pátio, discutindo assuntos humanos numa voz humana. Ele chama-lhe "pássaro", "passarinho", "pomba", "anjo", sonha em fazer um ninho ou vai voar, mas no fim sente-se como um pinto que caiu de um ninho partido. E embora Makarovo dê a Varvara o cunho religioso-literário de uma exortação a viver como as aves de Deus, não é sem razão que fala disso e se contrapõe à imagem de uma certa "ave de rapina". Não são aves de rapina, mas são também aves de rapina!... Nos seus nomes ouve-se um certo "carr" melancólico, e todo o clima à sua volta é de céu cinzento, inerente a estas aves melancólicas, e elas vêem desgraças à frente e desgraças atrás, por isso é melhor não se lembrarem.

Mas há muito nesta auto-comparação dos nossos pobres com pássaros - não com um cavalo, como em Tolstoi (Holstomer, Anna - comparação com Frou-Frou), não com uma planta (o carvalho de Andrei, a bardana de Murat, a bétula - a empregada de bar - "Três Mortes"). Todos os pares de pessoas de Tolstoi são pesados, cheios de terra, de vida pesada, crescendo a partir de baixo. O pássaro é um habitante do elemento ar. Já com isto se declara um certo Credo: não confesso os elementos terra, água, fogo (embora o ar tenha uma trama complicada com todos eles), mas uma natureza leve. Até as criaturas negativas aqui são insectos, abundantes em Dostoiévski: baratas, aranhas (essa luz de Svidrigailov), "sou um piolho ou Napoleão?", "uma velha piolha". Todos eles não são fortes na terra, habitantes do mesmo espaço intermédio entre o céu e a terra que os pássaros.

Em geral, cada pessoa aqui sente-se como uma aranha na sua alma: tece a teia - o tecido da vida, e é enredada e oprimida por ela. E os movimentos das personagens não são suaves, flexíveis, arredondados, como os das grandes criaturas da terra e da água, mas angulosos, convulsivos, como luzes, a sua trajetória ziguezagueante, como a dos insectos: Raskolnikov permanece imóvel no canto do caixão durante muito tempo, no seu lugar, e depois atira-se para trás e para a frente, dispersando e multiplicando o seu ângulo no espaço (nem sequer faz um loop depois do crime: o loop é demasiado arredondado para ele, uma figura geométrica animalesca, mas é Raskolnikov que faz um ângulo, (ra) divide!). E as energias são todas discretas: deita-se e mata, esconde-se, de repente desata a chorar, desnuda-se na confissão. Não, a existência terrena aqui não é séria, sem peso, pontuada, mas há um certo abuso de ar sobre a nossa existência atual, a sua seriedade, medidas, preocupações e valores. Porque estas almas não são densas, não são fortes na encarnação. Aqui se encontram, vindos do mundo na carruagem de terceira classe, o demónio Rogozhin e o anjo Myshkin, ambos enviados por enquanto para a humanidade (como para o localismo), - e começa a trama de reconhecimentos, revelações, no decurso da qual uma totalidade, vinda juntamente com a cunha de Lev Nikolayevich, é reconhecida com outra totalidade, vinda do subterrâneo do sol negro maniqueísta e dobrada em ângulo sobre Parfyon Rogozhin. E, em geral, toda a matéria da existência está aqui com um corte, subindo e espalhando-se como o uniforme e as botas dos funcionários de Dostoiévski, que cobrem a vergonha, o riso e o pecado - entreabertos, sugando, seduzindo e atraindo o olhar para eles.

O ar está também associado a uma sensibilidade invulgar aos odores nas descrições dos apartamentos: o fumo, o fedor das cozinhas, o fedor das escadas. Aliás, as escadas, tão importantes para Dostoiévski, são poleiros de pássaros e varas de pessoas suspensas em gaiolas no ar. E a cidade atrai-o misticamente porque aqui o elemento terra é elevado, arejado nos intervalos das salas e dos vazios, a sua espessura não é tão irremediavelmente material e pesada, mas já está masculinizada e espiritualizada. O espírito e o ar são, de facto, a primeira mas distante casa de Dostoiévski no cosmos, e agora, talvez, ele nem precise de ar puro, mas deixe-o respirar num canto da cozinha com o fumo e os vapores da vida terrena. Porque este ar está orientado não para cima (o céu e o sol), mas para baixo, o espírito cativo, o ar apaixonado, é magneticamente fascinado por ele. É como os anjos da Bíblia que procuravam amar as esposas humanas - e não conseguiam. No cosmos de Dostoiévski, há uma volúpia pelo homem, para estar cheio dele - e um nemogotoyata, porque o demónio-anjo é leve, espiritual, tudo borbulha para cima a partir do seu peso. Assim, ele empurra-se para baixo, contorce-se, enfia-se no subsolo, e toma sobre si todos os negros, as culpas e os pecados para se humilhar e se tornar como as pessoas, - mas não, as suas orelhas, isto é, as suas asas ficam de fora: ele não consegue encarnar verdadeiramente, e por isso salta num ataque de pânico; tal como uma galinha não é um pássaro, uma personagem de Dostoiévski não é um homem. É por isso que tudo o crucifica: depois recua, sobe, para os homens-deuses, depois desce para os demónios, mas não chega a ser um ser humano de corpo inteiro. A textura do tecido humano é esticada no tear de Dostoiévski e transparece. E o próprio homem é um novelo (a sua hipóstase favorita do novelo do Todo - como não densamente ininterrupto, mas discretamente tecido de ondas e vidas). O pecado é necessário, ganancioso, pois só através dele o demónio-espírito pode tornar-se mais forte, mais baixo, pesar o seu flogisto, que brota para cima depois de cada aterramento. É por isso que a natureza humilde e toda a sujidade e cinzas, o mal e o crime são aqui tão preferidos - porque não são olhados de baixo para cima, mas do topo da inacessibilidade, de onde a sorte humana está próxima - mas não se pode morder. Assim, todos estes Raskolnikovs, indo para o crime, não querem tornar-se Napoleões, têm um objetivo interior, - mas exatamente seres humanos, uma velha, um piolho; e a imagem de Napoleão e do super-homem é um percurso, como o fazemos num objeto distante, para chegar ao lugar de que precisamos no meio. É o caso de Dostoiévski: os sub-humanos da luz fazem um percurso em direção ao super-humano do fundo - o vilão - para chegarem ao ser humano e nele se instalarem. A sede de vida é grande nos ares não preenchidos. Os meramente vivos, nos quais a vida é calma, não têm sede de vida, pois têm água vital consigo. Mas estes têm sede do calor da vida. Falta-lhes fogo, e o fogo obtém-se por fricção, pelo que se esfregam nas pessoas e adoram o calor da irritação e do sofrimento. Apressam-se a entrar no barulho, no crepitar e no empurrar das pessoas. (Será que Makar escolheu um canto na cozinha para nada? Aqui aquece-se perto da vida e tinge a sua anemia). Precisam de uma cidade, porque uma cidade = gor-gary, fogo. Cidade = fogo de pedra: vejam a textura da cidade - toda a cidade está cheia de línguas de fogo de pedra: casas, arranha-céus, igrejas, pináculos. E é assim que o elemento fogo é representado no cosmos de Dostoiévski. Como as traças, os ares insatisfeitos alcançam-no. Mas, como não têm carne suficiente - o colete de terra - e o ar está em intervalos, rapidamente se queima, e a sua substância - o ar - começa a arder. E isto é o consumo - a principal doença dos heróis espirituais. É por isso que, por outro lado, eles precisam de matérias-primas: outono, chuva, lama - para irrigação e arrefecimento, como uma camisa de água para um motor. No verão, ardem completamente, enlouquecem (o suicídio de Ippolit no verão) como peixes na areia. Assim, pela sede dos ares insatisfeitos de terra, água e fogo, é claro porque é que se condensaram para viver naquele lugar do planeta onde a matéria-prima é grande (os pântanos do Neva) e a terra é dura ("O Neva é revestido de granito": [8]"Petersburgo" é literalmente "uma fortaleza de pedra"), e onde a fricção das pessoas umas contra as outras na aglomeração de apartamentos alugados é grande e, consequentemente, o fogo social arde fortemente (contrastes de riqueza e pobreza, arrogância e humilhação, escravatura e desejo de liberdade).

Qual é o enredo deste diálogo (Petersburgo - Rus') do ponto de vista filosófico natural, se for expresso através dos elementos? Rus = mãe terra crua, portanto é uma terra aquosa. Mas é assim no verão. No inverno é "vento-vento e neve branca": não há água nem terra. A neve é luz. Assim, a Rússia é um lobisomem, um diálogo de duas hipóstases de si mesma: feminina - no verão (vida viva, primavera) e masculina - no inverno (Geada - vento-água-pessoa-luz). E assim vivem e amam-se, governando alternadamente no Psico-CosmoLogos como o dia e a noite; e o inverno aqui é o dia, o marido, o reino da brancura e da luz, depois o céu-Urano cai sobre a terra, inseminando-a com estrelas-flocos de neve; e o verão é a escuridão, o verde, a vida - a esposa (ou, na versão espiritual-erótica, "a minha irmã vida"). E de repente, nesta fábrica e armazém, no ritmo estabelecido da Rússia, Pedro atirou uma pedra-pedra, - e à sua volta começou a cristalização da solução da terra crua da mãe. Apareceu um novo homem, um rival de Frost, César contra o povo Svetr. Havia uma nação mais velha, e agora há uma nação mais pequena.

Assim, nos elementos: fogo-pedra sobre a água contra o vento e a luz - é isso que São Petersburgo é na Rússia. E as cheias do Neva são as revoltas da oprimida mãe terra crua, pressionada pela pedra sobre os pântanos de Chukhon, de onde a água-sangue nela contida subiu para inundar a superfície - juntamente com o vento:

Foi o mesmo na revolução: quando o povo foi ter com Pedro, - então "vento e neve branca" irromperam na cidade de pedra. Mas a pedra aprisiona a vida aquática e cala o vento: não há lugar para ele se balançar entre as paredes e os recantos para "abrir, ombro!", e agora a água é negrume e fedor pantanoso, de pé, uma multidão de burgueses presunçosos que começa a ensinar o poeta = o vento:

- os dois são humilhados juntos, o poeta e o vento - e os negros oferecem o vento para servir de catador nas ruas da cidade (para limpar os vícios da multidão).

Se Fyodor Pavlovich Karamazov é Cronos, ctónico, então, na estrutura do romance, a sua hipóstase luminosa análoga é o ancião Zosima. No entanto, também ele pode ter sido Karamazov (= Chernomazy, ou seja, o Diabo, Belzebu) no passado, um grande pecador (há indícios disso, e o seu cadáver tresandava à podridão de Karamazov) - mas é aquele cuja transformação alegra os céus, pois agarra muita vida e sujidade à luz e aos céus, e eleva-a, iluminando poderosamente a matéria, como um bodhisattva. Assim, o Padre Karamazov está talvez a meio caminho de Zosima. O facto de Mitya ser assim - já a três quartos do caminho para Zósima - é muito óbvio.

E acontece que Dostoiévski realizou a "Vida do Grande Pecador" em Os Irmãos Karamazov, mas não monologicamente (como ele tinha concebido uma série de romances que deveriam retratar consistentemente o percurso de uma personagem, digamos, Alyosha) - como M. M. Bakhtin demonstrou, ele era incapaz disso. M. M. Bakhtin, era incapaz disso - mas de tal forma que diferentes etapas e ramos desse percurso, diferentes episódios e hipóstases dessa Vita se desenrolam em simultaneidade - e são realizados pelo coro e pela polifonia de todas as personagens e situações. [4]É assim uma missa, uma Paixão segundo Teodoro - e precisamente na sua forma intrinsecamente dialógica, incompleta, aberta e questionadora. Ao mesmo nível, titânico, pertencem Svidrigailov, Stavrogin, Versilov, mas todos eles são mais secos e sociais, mais planos.

Stavrogin é mais o fogo do inferno, Lúcifer (em latim, portador de luz), brilhante, anti-Apolo - e tão belo por isso. Mas já lhe cortaram o cordão umbilical ctónico (não tem nada daquela força de vida que está no coto nodoso de Fyodor Pavlovich) e anda como Agasfer, tendo-se envolvido no nível sócio-cesariano, e aqui está deslocado e magro, não é um peixe na água, ao contrário de Pyotr Stepanovich Verkhovensky. E Svidrigailov é mais liso (não é sem razão que se ouve algo do nobre Jagaila no seu apelido e todo o seu comportamento no romance é cavalheiresco), um lagarto blindado, robusto, malcheiroso e sangrento, pesado, sem qualquer fornecimento de humidade e de força de vida, e por isso é atraído para a masmorra de Hades (a aranha do outro mundo), e ele, irremediavelmente seco, rodeado pela humidade exterior de São Petersburgo (o aguaceiro da noite do seu suicídio) neste oceano de águas cósmicas primordiais, afunda-se: dispara sobre si próprio e, pelo fogo, regressa ao Tártaro dos Titãs. As divindades masculinas ctónicas conjugam-se, como titãs, com a Gaea russa, a terra crua materia. Não é por acaso que não são petersburguenses, quase terráqueos, do espaço universal; e isto é para Petersburgo uma aldeia. São proprietários: Bykov, Svidrigailov; Fyodor Karamazov é um provinciano empedernido. Em São Petersburgo, eles são visitantes, visitantes. E Stavrogin é o primeiro da aldeia: a sua arena é numa pequena cidade. Em Roma, será o segundo - lá, Cæsar foi o primeiro... Em Stavrogin, apesar de todo o seu brilho ocidental, ouve-se o poder irreprimível e inútil do ataman russo (ele é o ataman do partido, o seu chefe místico, mais do que prático-organizativo), que estaria no Volga e na Sibéria para

---

[4] O nome Theodore é uma contração de Theodores - dom de Deus (grego).

se espalhar, e não na arena dos casematas político-parlamentares para se tornar um ator. E o que é que ele quer saber de mulheres insignificantes como Lebyadkins ou Elizabeths? Atira-as borda fora, na onda que sobe. E a si próprio também.

Esta camada ctónica de personagens é um pólo da Pedra de Fogo = Olimpo, a sua obra social, criativa-organizadora e civilizadora de Zeus. Ele é supra-social e transcendente. E a incompreensibilidade mais significativa pertence aos heróis deste plano - são esfinges. E a esfinge é uma donzela-leão: ctónica como uma mulher, e ao mesmo tempo solarenga (um leão). Nele, numa só carne, juntaram-se o sol claro e o sol negro. E estas personagens percorrem o romance no meio de problemas morais e metafísicos que atormentam ainda seres humanos como Raskolnikov, Shatov ou mesmo Kirillov - como o Crocodilo de Chukovsky nas ruas de Petrogrado. Para eles não há problemas morais e metafísicos, pois eles próprios são a totalidade da metafísica e a transcendência unida. Neles há um estado pré-espiritual do Todo, sincrético, antes da desintegração em matéria e espírito. Embora raciocinem às vezes, mas assim, com o pé esquerdo, brincando, não há problemas para eles; é tudo uma ninharia em comparação com aquele peso atlante do ser que eles têm de suportar. Cronos é mais profundo do que Zeus e mais o seu feiticeiro, pois aquele só conhece a luz do fogo, e este cheira a substância, a mãe e muitas coisas que são indetectáveis pelo intelecto e por ele alistadas no departamento do "irracional". E do lodo - a vida, como a lama saudável em "O que há a fazer?" de Chernyshevsky em "O que deve ser feito?" de Chernyshevsky (embora a lama podre possa ser ainda mais metafísica e vital).

[10]Assim, talvez, Fyodor e Peter, Kron-Khton e Stone-Kesar não possam opor-se um ao outro, pois pertencem a diferentes níveis, estados do Todo. Fyodor está conjugado com o aeon dos titãs, e abaixo dele o Caos move-se e pulsa o seu protoplasma. Eles, Peter e Fyodor, não se importam um com o outro, apenas se olham de soslaio. E não é sem razão que Fiódor Dostoiévski deu o seu nome, isto é, o nome de Deus Criador do mundo dos seus heróis, ao Padre Karamazov, aproximando-o assim, à sua maneira gloriosa, do centro do Psico-Cosmo-Logos (o prefixo eslavo eclesiástico dosto-, assim como prepo-, significa um excelente grau de qualidade, a essência dos prefixos para epítetos da divindade). E que Stavrogin é do mesmo nível de ser que Fyodor Pavlovich, que é Zosima em perspetiva, e nessa reviravolta de enredo vem à tona quando ele vai se confessar a Tikhon, ou seja, só este pode entendê-lo, eles têm uma linguagem comum, pois são do mesmo nível. Afinal, até Ivan Karamazov, na sua conversa com Zosima, é uma criança, um palerma, não está ao mesmo nível. E Stavrogin

pode estar em pé de igualdade, porque não peca apenas intelectualmente, como Ivan - ele é seco e limpo, de modo que, para a plena realização dessa potência no Cosmos de Dostoiévski, foi necessário irrigá-lo, regá-lo com Smerdyakov -, mas ele pecou de forma viva e tocou o ser vivo.

Nos mundos dos romances, a camada ctónica, como vitalização, como primeiro céu escuro e húmido das águas cósmicas primárias, o céu de Varuna-Urano, circunda a vastidão de todos os enredos, personagens, luminárias, ares e suas relações = =relações, conflitos-afectos subsequentes, os quais, kcsari e svetra, estão todos dentro dos primeiros e são todos realizados. Em todo o caso, este é o campo de forças de onde partem as ondas, a pulsação de forças e impulsos, a planta e a ideia de todos os enredos dos romances: de Stavro-gin - o cataclismo dos Bes, de Fiódor Pavlovitch - a mirra com que os Karamazov são besuntados tanto na composição como na dinâmica: nela está o nó de todas as suas paixões, impulsos e tentações. De Versilov vem o Podrostok, e todo o seu mundo e plano está localizado dentro da fábrica de Versilov, predeterminado por ele. E Svidrigailov aparece diante de Raskolnikov como uma espécie de maravilha pré-colonial, à qual este, como os gansos ao trovão, levanta a cabeça, de onde lhe vem: "Mas Svidrigailov também é uma saída...". Pode crer! Para tais profundezas e espaços, com os quais o velho diácono crente virgem e seco nunca sonhou.

É assim que o Cosmos de Dostoiévski pode ser apresentado. Mas, após a conclusão deste trabalho, vê-se que esta abordagem perdeu todos os problemas morais e espirituais - não os apreende, talvez, tal como na esfera da razão teórica de Kant, que toca apenas a natureza e a necessidade, a liberdade da vontade e a ética, a personalidade e o "eu" permanecem inescrutáveis. E este é o obstáculo que impede a continuação da reflexão e a penetração no Todo do Psico-Cosmo-Logos, do qual apenas o Cosmos está aqui separado. Podemos tentar representar a hierarquia dos papéis num esquema qualquer. Se o Todo é Spheros, os níveis nele existentes podem ser vistos como esferas concêntricas, sendo cada uma delas binária, num par de opostos.

No primeiro esquema, o mundo está no ventre do ctónico, como Jonas na baleia. E é possível ver o mundo como uma emanação do núcleo pulsante, desdobrando-se e desvendando-se. O nível humano é intermédio: é espiralado (ou esticado), por um lado, pelo ctónico-natural e pela mãe terra crua (que está quase ausente em Dostoiévski, zero) e, por outro, pelas energias histórico-espirituais.

O tempo é mítico

Na mitologia, "inicial", "primeiro" tempo, "tempo certo", precedendo o tempo empírico (histórico) profano. No V.m., os antepassados primordiais, os demiurgos, os heróis culturais criaram o estado atual do mundo e os padrões e sanções do comportamento social. O V.m. é o tempo da criação primordial, dos objectos primordiais e das acções primordiais; reflecte-se, antes de mais, nos mitos cosmogónicos, antropogónicos e etiológicos (cf., por exemplo, a esfera de acções do Corvo e da sua família). Para o pensamento mitológico, V. m. aparece como a esfera das causas profundas das acções empíricas reais subsequentes; a explicação da estrutura de uma coisa é idêntica à história de como foi feita; a descrição do mundo que nos rodeia é igual à história da sua criação. O tempo mítico é a fonte primária não só de causas, imagens primordiais arquetípicas, mas também de forças espirituais mágicas, que, sendo activadas por rituais que encenam os acontecimentos do V. m. (especialmente durante os festivais do calendário, iniciações, etc.), continuam a manter a ordem na natureza e na sociedade.

A emanação mágica do V. m. chega aos portadores vivos do mito através de rituais e sonhos (cf. al'chera, "o tempo dos sonhos" em Aranda). A categoria do V. m. é especialmente caraterística das mitologias arcaicas, mas ideias transformadas sobre ele encontram-se também em mitologias desenvolvidas, por exemplo, como uma idade de ouro ou como uma zona de caos sujeita à ordenação pelas forças do cosmos. Os tempos iniciais mitológicos são utilizados como pano de fundo nas epopeias arcaicas ("O Velho Elda", "Enuma Elish", etc.). Nas formas clássicas de epopeia, o tempo semelhante ao V. m. é também apresentado como o tempo inicial, como o tempo da ação dos antepassados que predeterminaram a ordem subsequente (cf. a época do Rei Artur, a época de Yao e Shun, etc.).

O modelo linear do Tempo Mítico (a dicotomia "tempo inicial/tempo empírico") foi complementado pelo modelo cíclico do tempo, que foi facilitado pela repetição ritual dos eventos do V.M., bem como pelos mitos do calendário e pelo desenvolvimento de ideias sobre o deus que morre e ressuscita. Os mitos sobre a mudança cíclica da cadeia de épocas mundiais estão ligados ao modelo cíclico do tempo (cf., por exemplo, as ideias sobre a mudança de yugas e kalpas). Nos mitos escatológicos há também uma imagem do fim dos tempos, da morte do mundo, sujeita ou não a uma renovação cíclica (cf., por exemplo, o Ragnarök, a doutrina de Mani, etc.).

Criaturas ctónicas

(do grego chthonos - "terra"), personagens mitológicas associadas simultaneamente ao poder produtivo da terra (água) e à potência mortífera do submundo.

Na verdade, os seres ctónicos - nascidos da terra (cf. Gaea grega, Mãe da Terra Crua russa) ou que emergiram da terra, estando nas suas profundezas (cf. Maakhis finlandeses), conservam as características dos animais ctónicos - serpentes (ver Nagi), anfíbios, etc. (cf. Kekropa, metade serpente - metade homem, nascido de Gaea, Bague no Chib-Cha, Nommo no Dogon, etc.). (cf. Kekropa, metade serpente - metade homem, nascido de Gaia, Bague no Chibcha, Nommo no Dogon, etc.), têm frequentemente o aspeto de monstros (cf. Tu-bo, etc.). A própria terra foi representada, em várias tradições, como uma espécie de H. s: a vegetação - a sua lã, as pernas - as penínsulas, etc. (cf. Myth yyz, em inglês). (cf. Myth yyz e Mow-nyamy).

Chthonic animals are associated with the depths of the earth, the roots of the world tree, the beginning of creation: Ahi Budhnya - the "serpent of the depths" in Vedic mythology, Hindu Shesha, Aido-Hvedo in the Phon, the turtle on which the earth is held in various traditions (cf. O espírito crocodilo Khmer Kron Pali, os Komi Yen e Omol'u, os Evenki Bakha sob a forma de rãs-demiurgos, o demiurgo Kachin Mutum, que derramou a terra sobre os peixes que nadavam no oceano primário, etc., e outros. São característicos os mitos antropogónicos sobre a criação de pessoas a partir da terra - a antepassada chinesa Nyuva, metade mulher, metade serpente, molda as pessoas a partir do barro (cf. representações sobre autochthons, habitantes míticos originais da terra, região, que passaram à clandestinidade com o aparecimento de nova população (Chud russo, Sikhirtya sammodiano, Wazimba malgaxe).

As criaturas ctónicas estão também associadas ao simbolismo do casamento: Nyuwa e Fushi sob a forma de dragões com caudas entrelaçadas; o casamento de Targitai com a deusa serpente (ver Api) na mitologia cita; o casamento do caçador-hivaro com a deusa da água Tsunghi, que se transformou em serpente; o motivo da princesa rã, etc.

O casamento de um herói com uma deusa ctónica significava a posse da terra (país). Os traços ctónicos têm a imagem de uma deusa-mãe, progenitora mítica, associada também à morte (caos - cf. a acadiana Tiamat), desde a australiana Kunapipi até Deméter e Perséfone; cf. a asteca Tlasol'keotl'a (deusa devoradora de excrementos), a sumério-acadiana Ereshkigal, etc. O carácter ambivalente das divindades ctónicas é revelado pelos motivos do casamento com o deus celeste que desterra a sua esposa para o mundo inferior (cf. Numi-Torum e Kaltash-ekva entre os Ob Ugrians, Yes e Khosedzm entre os Kets, Pemba e Muso Koroni Kund'e entre os Bambara). Os mortos que vivem no além (o submundo) - os antepassados (ver Lars, etc.) - pertenciam aos H. s.

Os rivais do demiurgo, os senhores do submundo, têm também um carácter ctónico (cf. Azteca. Tezcatlipok, o rival de Ketsal'koatl, Kul-otyr, o rival de Numi-Torum, etc.). O culto grego das divindades ctónicas - Hades, Perséfone, Hécate - era sobretudo de natureza propiciatória (cf. Ital. pa-liki, Ain. Toiekunra, etc.).

Conclusão

E em relação aos chthonics... Usámos essa palavra para nos referirmos a todas as criaturas que servem Melkor de livre vontade. Orcs são elfos deformados e escravizados, eles servem por compulsão. Os Chthonics são os Maiar, dragões, Thuringwethili, Karharoth.

Assim, para nós, ctónico é uma designação colectiva de forças obscuras, pagãs, infernais, do caos primordial

As vinte e quatro horas ctónicas são um tempo ou uma espécie de cronótopo literário que permite ao autor mostrar mundos paralelos ao mesmo tempo.

Depois de ter pesquisado obras literárias e de ter mergulhado na vida de alguns criadores literários, utilizando a esfera do tempo ctónico, foram tiradas as seguintes conclusões:

1.   O tempo ctónico ajuda a revelar a estrutura mais ampla das imagens literárias e a revelar momentos distintos do trabalho dos escritores

2.   O problema do dia ctónico existe a um nível subconsciente e ajuda as pessoas criativas ao longo do seu percurso

3.   A capacidade de reconhecer o imaginário ctónico e de localizar o tempo ctónico faz do leitor um coautor da obra ou um contemporâneo do escritor, permitindo uma melhor compreensão da informação literária

Esta obra pode ser utilizada nas aulas de literatura, nas aulas opcionais, na investigação psicológica, bem como na redação futura de artigos científicos

Literatura

1. A.M. Stepanov "Grande Dicionário de Termos Esotéricos", M., 1971

2. F.M.Dostoevsky "Noites Brancas" M., 1985

3. F.M.Dostoevsky "Crime e Castigo" M., 1985

4. F.M. Dostoiévski "Os Irmãos Karamazov" M., 1979

5. A.S. Pushkin "Eugene Onegin" M., 1987

6. L.N. Tolstoi "Guerra e Paz" M., 1981

7. M. Bulgakov "O Mestre e Margarita", M. 1998

8. N.V. Gogol "Viy" M., 1986

9. N.V. Gogol "Noites numa quinta perto de Dikanka" M., 1985

10. W Shakespeare's "Hamlet" M., 1997.

11. V.A.Zhukovsky "Svetlana" M., 1990

12. C. Esenin "Homem Negro" M., 1989

13. I.V. "O Rei da Floresta" de Goethe. M., 1978

14. G.D. Grachev "Imagens Nacionais do Mundo" M. 1988

15. "A Odisseia" e "A Ilíada" de Homero.

apêndice

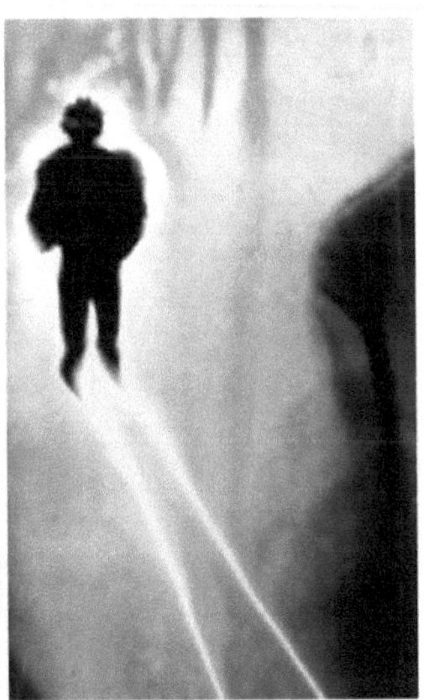

Principum amicitias!

Best
Dress

Printed by Books on Demand GmbH, Norderstedt / Germany